ÉCOUTE, ISRAËL

Du même auteur

Histoire paradoxale de la IVe République, Grasset, 1954.
Les Greniers du Vatican, Fayard, 1960.
Voyage au pays de Jésus, Fayard, 1965.
Le Sel de la terre, Fayard, 1969.
Dieu existe, je L'ai rencontré, Fayard, 1969.
La France en général, Plon, 1975.
Il y a un autre monde, Fayard, 1976.
Les Trente-Six Preuves de l'existence du diable, Albin Michel, 1978.
L'Art de croire, Grasset, 1979.
Votre Humble Serviteur, Vincent de Paul, Le Seuil, 1981 (réédition)
La Baleine et le Ricin, Fayard, 1982.
La Maison des otages, Fayard, 1983 (réédition)
« N'ayez pas peur ! » dialogue avec Jean-Paul II, Laffont, 1983.
L'Évangile selon Ravenne, Laffont, 1984.
Le Chemin de la Croix, Desclée de Brouwer/Laffont, 1986.
« N'oubliez pas l'amour », La passion de Maximilien Kolbe, Laffont, 1987.
Le Crime contre l'humanité, Laffont, 1987.
Le Cavalier du quai Conti, Desclée de Brouwer, 1988.
Portrait de Jean-Paul II, Laffont, 1988.
Dieu en questions, Desclée de Brouwer/Stock-Laurence Pernoud, 1990.
Le Monde de Jean-Paul II, Fayard, 1991.
Les Grands Bergers, Desclée de Brouwer, 1992.
Excusez-moi d'être Français, Fayard, 1992.
Le Parti de Dieu. Lettre aux évêques, Fayard, 1992.
L'Homme en questions, Stock, 1993.
Défense du Pape, Fayard, 1993.

André Frossard

de l'Académie française

Écoute, Israël

Fayard

Exorde

Le nom d'Israël désigne à la fois le
fils d'Isaac, sa descendance, un
peuple, un royaume, une république
moderne, un être collectif, une personne morale, l'âme juive, tremblante,
obstinée, douloureuse, invincible, qui
fut le premier interlocuteur de Dieu
sur cette terre, il y a quatre mille ans
et qui, depuis, ne trouve personne à
qui parler.

C'est à elle que l'on s'adresse ici
avec une humble audace, non sans
crainte de la blesser, et en invoquant,

pour l'adoucir, le souvenir commun d'un temps de suprême désolation, sans foi, sans loi, sans visage, où par milliers des enfants nourris de poussière ont eu le feu pour berceau, et le ciel pour linceul.

Écoute, Israël !

Peuple insoluble dans l'histoire du monde, tu la traverses sans te confondre avec elle, comme le Rhône traverse le Léman sans que ses eaux se mêlent à ses eaux : il entre à l'est, et il renaît à l'ouest sans avoir perdu son nom en chemin ; les tempêtes ne l'ont pas dispersé, la masse liquide n'a pas arrêté son cours ; tel était ce fleuve-nageur en se jetant dans le lac, tel il est, inchangé, quand il le quitte ; et toi non plus, Israël, tu ne changes pas.

Tel tu étais, tel tu es. Tu as pris ta source il y a quatre mille ans dans les collines hyperboliques de Canaan, et si ton cours a été bien souvent modifié, il n'a jamais été interrompu ; le soleil du désert ne l'a pas asséché, les sables ne l'ont pas englouti. Pendant quatre siècles, le pharaon d'Égypte a accumulé ton énergie pour faire tourner ses usines de briques, et si ce long esclavage t'a affaibli, il ne t'a ni dénaturé, ni amoindri, ni changé en un chétif affluent du Nil ; au contraire, la violence muette de ta révolte, capitalisée par l'oppression, a fini par briser les murs de ta prison et par te porter à travers la mer Rouge (et l'on songe encore ici à l'image du Rhône et du Léman) jusqu'au pied du

Sinaï, avant de reprendre, dans les vallées de Madian, le cours sinueux qui te ramène périodiquement à ta source, sur la colline de Sion.

Ton cours détourné plus d'une fois par la violence faisait encore entendre son murmure dans la captivité. « Au bord des fleuves de Babylone, dit le psaume, nous étions assis, pleurant ou nous souvenant de Sion... Aux arbres qui sont là-bas, nous avions suspendu nos cithares. Jérusalem, Jérusalem, si je t'oublie... » Cette plainte assourdie s'élève encore, distincte, dans toutes les synagogues et dans toutes les églises du monde, alors que l'énorme capitale a été balayée par la conjuration orientale du sable et des vents, que ses jardins se sont envolés, que ses divinités animales broutent la poussière des musées, et qu'il ne reste, des discours de ses rois, que les quelques mots que tu as pris en note pendant ta captivité, et qui figurent dans ton Livre. N'est-ce pas extraordinaire ? C'est un peu comme si, dans trois mille ans, l'on ne connaissait de nos pensées d'aujourd'hui que les rares paroles gravées par des détenus sur les murs de leur cachot.

Ton histoire aurait dû s'achever en Égypte, ou à Babylone ; le ruisselet de ton existence terrestre aurait dû se perdre dans le Nil, ou se jeter dans l'Euphrate. Il n'en a rien été. L'esprit de contradiction qui est au principe de ton improbable survie, et qui néglige volontiers les lois de la pesanteur, t'a fait remonter de ton exil babylonien sur la colline de Sion, qui est ton point d'insertion sur cette terre. Était-ce pour toujours ?

Non, bien sûr. En l'an 70, l'aimable Titus, surnommé « les délices du genre humain » et qui tenait une journée sans bonne action pour une journée perdue, faisait exploser ta capitale avec ses machines de guerre, massacrait la population et égorgeait les fuyards dans la tranchée qu'il avait fait creuser autour de la ville comme pour recueillir le sang de la tuerie. Ses aigles romaines changées en vautours planaient sur ta colline arasée, et le vainqueur, fondé à croire qu'il avait mis un terme à ton existence turbulente, se proposait, comme pour sceller ta tombe, de bâtir des temples à ses divinités factices sur le

cimetière de tes espérances. Était-ce
donc la fin, cette fois ? Non. C'était
le commencement d'autre chose.
Comme des filets d'eau entre des
pierres, quelques rescapés s'étaient
glissés dans les interstices des
légions, et ce fut le début de cet exil
de deux mille ans que l'on appelle la
dispersion, et qui mériterait mieux le
nom d'irrigation : répandu parmi les
nations, tu vas, le sachant ou ne le
sachant pas, le voulant ou ne le voulant pas, remplir ta mission propre,
singulière, harassante et qui est,
Israël, de dissuader les hommes de
s'adonner à l'idolâtrie.

Car l'idolâtrie est sur la terre le
culte le plus ancien et le plus
répandu, qu'il ait ou qu'il n'ait pas
ses temples et ses desservants costu-
més, que les idoles soient de bronze

ou de bois peinturluré, qu'elles prennent la configuration composite de
l'homme à bec d'échassier ou à
museau de bœuf, qu'elles siègent
dans le bois sacré parmi les emmêle-
ments confus des nymphes et des
pattes de boucs ou qu'elles président
au cérémonial popote de la table
romaine, et l'argument de leur inca-
pacité à changer la vie ou à contrarier
le destin n'est plus à retenir : elles
sont précisément faites pour cela,
pour emmagasiner le divin et le
réduire à l'impuissance dans une
figure stable, dûment consolidée,
réduite à l'inaction ; et quand on
jetait des nouveau-nés dans leur
gueule enflammée, vieille pratique
carthaginoise, ce n'était nullement
pour apaiser leur courroux ou pour
gagner leur bienveillance, mais bien

plutôt pour les rendre complices de la cruauté humaine en les forçant d'ingurgiter du sang innocent.

Cependant, les idoles ne sont pas condamnées à ne se présenter à nos dévotions que sous les traits grossiers de la sculpture figurative. Elles peuvent prendre des formes plus vaporeuses, plus subtiles, ou plus métaphysiques : ce sont les idéologies (« idologie » leur conviendrait mieux) qui se veulent le tout de l'homme, et arrachent de lui une obéissance religieuse ; ce sont les partis politiques, qui rêvent tous de régner sur la terre et de lui imposer leurs commandements ; l'argent, qui attire d'innombrables fidèles, émerveillés par son aptitude à se multiplier entre ses mains consacrées ; le sexe, petite divinité de remplacement des plus entourées, en l'honneur de laquelle on célèbre depuis quelque temps des offices ininterrompus. La démocratie elle-même présente quelques-uns des caractères de l'idole : elle ne tolère pas le débat sur son principe, qu'elle soustrait aux définitions trop précises, elle ne tolère point qu'on lui trouve un défaut, elle exige un hommage rituel au début et à la fin de tout discours public, et nul ne saurait, sans péché, douter de son infaillibilité. La nation elle aussi est une idole de modèle courant, et elle non plus ne dédaigne pas les sacrifices humains.

Et toi-même, Israël, n'as-tu pas entouré un jour de tes dévotions licencieuses certain veau d'or démoulé par Aaron dans le décor rugueux du Sinaï, tandis que Moïse en haut de la montagne causait tranquillement avec la foudre ? Un veau, petit ruminant prometteur qui mange plutôt deux fois qu'une, produit inopinément par la magie d'un creuset : « Je ne sais comment cela s'est fait, dira piteusement le pauvre Aaron, j'ai recueilli l'or des fils et des filles d'Israël, je l'ai jeté au feu, et il est sorti ce veau. » Ce jour-là, Moïse te cassera les tables de la Loi sur la tête, afin sans doute d'y faire mieux entrer les dix commandements, surtout le premier : il réduira le petit neveu métallique du bœuf Apis en poudre et il le fera avaler, encore brûlant, à ceux des tiens qui persévéraient dans l'apostasie. Ce veau qui a — selon le doux Aaron — la propriété notable de se former tout

seul dans le sein du capital, on le
verra reparaître, et avancer plusieurs
fois son mufle dans tes parvis,
comme pour aller protester ton Dieu
à domicile. Et il n'est pas mauvais
que de temps à autre tu te montres
faible, et à l'occasion renégat, afin
qu'il soit bien et dûment établi, péché
à l'appui, que ta mission ne t'a pas
fait essentiellement différent des
autres hommes ; que tu es fait de la
même argile ; que tu es, comme ils le
sont tous, sujet à la défaillance ; que
tu n'es point dispensé d'humilité,
Israël, et que s'il n'est pas ombre
d'idolâtrie dans ta religion, il y a parfois du veau dans ta soupe culturelle !

L'antisémitisme, qui prend des formes diverses, peut être politique, raciste, religieux, héréditaire, épidcrmique, obsessionnel et pathologique, nationaliste ou, par pulsion obscure, inadvertance et paradoxe révélateur, antichrétien.

L'antisémitisme politique est utilisé comme un recours contre l'adversité par les pouvoirs sans scrupules, qui jugent expédient de faire porter la responsabilité de leurs échecs ou des malheurs publics à une petite communauté sans défense, autrefois plus exercée à la persécution qu'au maniement d'armes, facile à isoler, ce qui se dit aussi de certains virus, et qu'il y avait, outre le plaisir que la lâcheté trouve toujours à faire peur, une certaine délectation humoristique à charger du rôle de bouc émissaire, pratique de son invention.

Cet antisémitisme politique, fauteur de pogroms en Europe centrale, a pris naguère en Europe orientale le masque transparent de l'« antisionisme », étant entendu que tout juif était sioniste par nature, même quand il ne l'était pas par conviction, si bien qu'il pouvait être à chaque instant, et sans autre examen, condamné pour trahison à l'égard de la patrie soviétique.

En Occident, et plus précisément en France, hélas, l'antisémitisme politique s'est donné les apparences de la légalité en publiant, dès 1940, un « statut des Juifs » qui retirait à ceux-ci la qualité de citoyens pour les réduire, dans leur propre pays, à la condition d'hôtes indésirables. Ce décret répugnant violait simultanément la religion, la morale et le droit des gens, déshonorait ses auteurs, et, en obligeant ses victimes à se déclarer, les marquait pour l'holocauste. Les responsables de cette discrimination mortelle plaident généralement l'ignorance : ils ne savaient pas, disent-ils, quel sort attendait les exclus. Nés dans un pays de tradition chrétienne, élevés dans la religion, ils ne savaient pas, à ce qu'il paraît, que les êtres humains ont une âme. En vérité ils ne cherchaient point trop à savoir, et l'on n'a pas encore trouvé, dans les archives de leur indifférence, trace d'une inquiétude, ne fût-elle qu'administrative, sur le sort de ceux qu'ils allaient livrer à l'ennemi. Après avoir fourni le juif et le wagon, Vichy se désintéressait du convoi. Il est difficile d'admettre que ce manque de curiosité puisse être invoqué à décharge, comme si, après avoir poussé quelqu'un dans le vide, il suffisait de tourner le dos pour n'être point responsable de la suite. Triste évidence, le « statut du juif » était bel et bien un commencement de crime contre l'humanité.

L'antisémitisme religieux est celui que l'on attribue à tort au Moyen

Âge, qui avait la fraîcheur, la cruauté, l'imagination et la spontanéité de l'enfance, mais il avait aussi trop de cœur et de chaleur pour connaître la froideur méthodique de la haine adulte. Sa pensée domiciliée à Jérusalem allait sans cesse du jardin des Oliviers au tombeau, du Golgotha au Sanhédrin ; le Moyen Âge entendait encore les cris de mort qui montaient de la cour de Pilate, et il ne concevait pas qu'après avoir fait crucifier Jésus-Christ, les juifs en eussent apparemment si peu de regret : aveuglé de larmes, il ne voyait pas que s'il y avait eu des juifs pour réclamer la mort du Christ, d'autres — un bien plus grand nombre — avaient écouté son Sermon sur la montagne, suivi son enseignement dans le temple, et déployé leurs manteaux sous ses pieds lorsqu'il était descendu de Bethphagé à Jérusalem, quelques jours avant sa Passion. Il regardait le juif avec une sorte d'épouvante, sans être le moins du monde antisémite ; lorsqu'il représentait la Synagogue et l'Église au portail de ses cathédrales, ces deux filles du ciel étaient égales en taille et en grâce, et si l'une avait un bandeau sur les yeux, elle n'en était pas moins sœur de l'autre. Les chrétiens du Moyen Âge tenaient le juif à l'écart, comme ils se gardaient de fréquenter le bourreau, et un peu pour les mêmes raisons ; mais les papes le protégeaient, et saint Bernard s'écriait qu'il était « la prunelle des yeux de Jésus-Christ ».

Il n'y a pas, il n'y a jamais eu d'« antisémitisme » religieux. On peut même dire, au contraire, que l'antisémitisme est venu, ou revenu, chaque fois que le monde a cessé d'être religieux, chaque fois qu'il n'a gardé, de la religion, que le squelette institutionnel, après avoir laissé se dessécher sa chair vivante.

Le catholique antisémite de la Belle Époque, modèle du genre, n'admettait pas qu'un juif pût commander à des chrétiens, qu'un Dreyfus eût du galon et par conséquent des *inférieurs* dans une armée baptisée. Les pièces du procès le laissaient indifférent. Traître, Dreyfus l'était par définition, puisqu'il était juif, et servait la France ; plus il était fidèle à sa vocation d'officier français, plus il trahissait ses origines, si bien que plus il était innocent, plus il était coupable. Qu'avait-on besoin d'examiner sa cause ? Elle était entendue. Il fallait que la République fût bien écervelée, ou perverse, pour obliger ses soldats à saluer un homme qui avait, dix-neuf siècles plus tôt, fait crucifier Jésus-Christ.

Le catholique antisémite ne se rendait pas compte qu'à Jérusalem, en ce temps-là, il eût joint sa voix à celles qui exigeaient la mise hors d'état de nuire d'un agitateur, d'un fauteur de troubles, qui avait osé soutenir un jour que « la Loi est faite pour l'homme, et non l'homme pour la Loi », principe destructeur de tout ordre social. Le catholique antisémite savait gré à l'Église d'avoir inactivé le *venin* de l'Évangile, en le faisant passer de siècle en siècle par les tubulures et les serpentins de la théologie morale et de la casuistique. Si l'on s'avance un peu plus loin que d'habitude dans la mentalité des antidreyfusards, on s'aperçoit que ce qu'ils te reprochaient, sans le dire, Israël, ce n'est pas d'avoir fait mourir Jésus-Christ, mais de l'avoir mis au monde. C'est là ce que j'appelle l'antisémitisme antichrétien.

Les antisémitismes héréditaire ou épidermique sont des variantes édulcorées, mais tenaces et pernicieuses de l'antisémitisme raciste, celui-là même qui s'est rendu coupable de crime contre l'humanité et qui a rêvé, Israël, de te faire disparaître de la face de la terre.

Le crime contre l'humanité est sans aucun précédent, même dans la

longue histoire de tes malheurs, Israël.
Il consiste — je l'ai dit, je le répète —
à tuer quelqu'un sous prétexte qu'il
est venu au monde, la seule pièce à
charge de son dossier n'étant pas autre
chose que son bulletin de naissance.
Ce n'est pas un de ces ouragans de
fureur qui traversent un pays et retom-
bent dans un nuage de sang ; ce sont
là les sinistres orgasmes du génocide.
La haine du racisme hitlérien avait
quelque chose de plus, quelque chose
d'inextinguible qui appelle une expli-
cation métaphysique. Il suffit d'avoir
lu trois pages de *Mein Kampf* : Hitler
y professe pour la religion chrétienne,
jugée débilitante et veule, un mépris
casqué, indifférent à toute argumenta-
tion. La logique voulait qu'il remontât
du chrétien au juif, à qui l'on doit
l'idée d'un Dieu de justice et de

miséricorde totalement incompatible avec le principe d'inégalité fondateur du racisme, dont la haine n'avait pas plus de fin que Dieu lui-même. Aussi fallait-il que les juifs fussent exterminés jusqu'au dernier, et c'était surtout le dernier qui devait mourir, car il suffisait d'un seul juif pour que les idoles fussent ridicules.

C'est pourquoi j'ai dit autrefois, et c'est pourquoi je répète aujourd'hui que le crime contre l'humanité a été en vérité une tentative de déicide. Dans la mentalité métaphysique germano-païenne, utérus de tous les monstres idéologiques, il était suffisant, mais nécessaire, de supprimer le porteur de l'idée de Dieu pour que Dieu disparût en même temps.

Mais dis-toi bien, Israël, qu'après toi le tour du chrétien serait venu, car

il ne pouvait échapper à l'œil soupçonneux de tes assassins qu'il y a du
juif dans le chrétien, quand il est vraiment chrétien ; et que, si peu que ce
soit, c'est encore trop. Le nazisme, s'il
eût triomphé, n'aurait pas toléré que
son idolâtrie fût méprisée, même en
silence, et il est hors de doute qu'après
avoir anéanti en ta personne le peuple
du Père, il eût tenté de mettre à
genoux devant lui le peuple du Fils.
Car aux yeux du malade totalitaire, le
juif et le chrétien avaient un point
commun qui les rendait également
haïssables : une même conscience
objective du bien et du mal.

Écoute, Israël !

Je me souviens. Avant la guerre, avant que tu retournes en Canaan pour construire un État laïque sur les fondations du temple de Salomon, le monde portait sur toi des jugements qui semblaient bien étranges à mon jeune âge.

En Europe centrale, il te forçait à vivre dans les égouts, et te trouvait une tête de rat musqué ; il te reléguait dans des ghettos, et te jugeait peu sociable.

Pendant des siècles, il t'avait privé de terre et dénonçait ton peu de goût pour l'agriculture ; et cet interdit avait si bien survécu psychologiquement à la reconnaissance de tes droits par la démocratie que dans mon village un minuscule propriétaire s'excusait presque de posséder trois arpents qu'il cultivait avec un certain scepticisme, tant sa mentalité tenace d'exilé permanent lui faisait craindre, après avoir semé, de n'être plus là pour la récolte.

Même en Israël, tu coules inlassablement du béton comme pour consolider la Promesse, tu n'es pas sûr d'avoir achevé ton voyage, et les plus religieux de tes fils vont et viennent sous un soleil incendiaire avec le chapeau, la redingote et les bottes fourrées qui sont le prêt-à-porter du prêt-à-partir.

Je me souviens ! En ce temps-là, Israël, tes qualités elles-mêmes étaient retenues à charge contre toi.

Les gens disaient des juifs — non pas dans mon village, où les deux communautés vivaient paisiblement côte à côte — mais un peu plus loin, dans les villes : « Ils sont doués », avec un rien de rancune à l'égard de la nature. Ils ne voyaient pas ce que cette apparente inégalité des chances devait à la malchance : courir d'âge en âge en avant des chiens de la persécution, dont les mâchoires ne claquaient pas toujours dans le vide, développe grandement les facultés mobilisées par l'instinct de conservation.

Il existait alors en France, dans les milieux de droite, un antisémitisme diffus, de type allergique, de constitution doctrinale chétive, et qui s'arrêtait non sans peine au bord de la violence, à laquelle il cédait quelquefois : je me rappelle avoir vu dans les années trente, à Paris, une petite foule d'agités faire pleuvoir des coups de poing et des crachats sur la voiture où Léon Blum, impassible, ne montrait ni crainte, ni mépris, ni impatience.

Ne te fâche pas, Israël ! Laisse-moi te dire à quel point un juif, sous les outrages, peut ressembler à Jésus-Christ.

Mais il n'y a pas d'antisémitisme anodin. Qui se laisse aller sur cette voie doit savoir où elle mène. Les rails de cette logique aboutissent à Auschwitz.

Écoute, Israël !

Au pays de mon père, ce village unique en France, où il y avait une grande synagogue de grès rose qui ressemblait à une école, et, pour toute église, la petite chapelle désaffectée d'un ancien château tombé dans la roture, je ne t'ai jamais vu révérer que l'intelligence. Les autres facultés, vertus ou qualités venaient ensuite, loin derrière elle, si loin qu'on les perdait parfois de vue.

« Il est intelligent », disais-tu, et le bénéficiaire de ce brevet nous paraissait aussitôt environné d'une sorte de nimbe, de globe, de prestige immatériel, mais impénétrable, qui nous tenait à distance, curieux, émerveillés, inquiets.

L'intelligence ne coïncidait pas nécessairement avec la réussite. Le maquignon, par exemple, était riche certainement, puisqu'il portait une chaîne de montre en or sur l'estomac, toute semblable à ces cordons de musée qui protègent les meubles précieux, mais personne ne le disait intelligent.

Il ne suffisait pas non plus d'être instruit. Le rabbin, que les catholiques prenaient pour une sorte de prêtre défroqué, car il était marié, connaissait sur le bout du doigt les six cent treize consignes de la Loi, peut-être même y en avait-il un peu plus, mais la communauté juive ne lui témoignait guère qu'une sorte de condescendance amicale excluant l'admiration. Doux et bon, il n'était pas parvenu à être intelligent.

Qui donc l'était ? Ma grand-mère, sans doute. Schwob de Delle, comme on est Schwob d'Héricourt ou Bourbon de Parme, son esprit tranchant tenait en respect la famille, et le village. Qu'elle siégeât en majesté sur une chaise de cuisine, ou derrière le comptoir de son drugstore villageois, son regard diffusait un rayonnement de perspicacité qui nous glaçait de crainte, mes cousins et moi. Mon père aussi était intelligent, plus que son frère cadet qui ne se fût pas permis de l'être devant son aîné. D'ailleurs le rayonnement, qui épargnait mon père, ne s'éteignait pas devant lui.

Quant à nous, les petits bâtards, il y avait peu de chance pour que nous fussions jamais intelligents, il nous fallait vivre avec cette quasi-certitude déprimante. Bien entendu, il nous était permis et même recommandé d'essayer, mais le succès était d'autant plus improbable que nous ne savions pas en quoi consistait, au juste, cette faculté plus qu'aucune autre désirable. Je guettais les oracles de ceux qui en étaient pourvus, et je me demandais par quel sortilège leurs banalités sur la couleur du temps prenaient soudain la force et l'éclat d'une révélation inattendue. Il pouvait m'arriver, à moi aussi, de dire : « Il fait beau ce matin », mais il me fallait bien constater que je n'étonnais vraiment personne, alors que la même remarque, dans la bouche d'un intelligent, prenait valeur de sentence, incitait à la réflexion, et, finalement, créait l'événement.

Intelligents, les juifs ne l'étaient pas toujours, mais les chrétiens du village ne l'étaient jamais. Non, certes, qu'ils fussent inférieurs en qualité humaine ou déficitaires en dons. On en connaissait, dans les communes voisines, qui avaient fait de belles études, et même qui avaient laissé un nom aux sténographes des débats parlementaires ; mais ils avaient, de

par leur religion, le grave défaut
d'avoir une réponse à toutes les questions que pouvaient leur poser la vie,
la mort, la morale et le reste. Or, à
t'écouter, on apprenait très tôt, Israël,
que la bonne réponse à une bonne
question était une autre question, et
qu'un problème résolu avait été sans
nul doute mal posé. Le point final de
tout discours digne d'intérêt devait
être, de toute nécessité, un point d'in-
terrogation. Avec ses idées « claires
et distinctes », Descartes me faisait
rire. Si elles étaient claires, c'est
qu'il n'y avait rien dedans, et pour
qu'elles fussent distinctes, il fallait
qu'il eût oublié les autres.

Cependant, je voyais bien qu'en
dépit de l'hérédité, sur laquelle on ne

peut pas toujours compter, je ne serais jamais intelligent ; car si l'énigme du monde me fascinait bien au point de me donner le tournis, signe encourageant, j'étais sûr de la déchiffrer un jour, et même de la résoudre avec un seul mot, déplorable outrecuidance.

Pauvre petit bâtard ! Je ne savais pas que ce mot était un Nom, que tu le connaissais depuis le commencement du monde, et qu'afin de tenir pour toujours ton esprit ouvert, en éveil et en attente, ce Nom qui disait tout tu ne le prononçais jamais, Israël !

Écoute, Israël !

Le vieux petit bâtard que je suis va te parler avec gravité, instance, déférence, assurément, et franchise, il le faut bien.

Il croit nécessaire, et peut-être urgent, de te dire le regret qui est le sien d'avoir lu cette déclaration du rabbin Léon Askenazi, directeur des centres d'études juives Yaïr, en Israël :

« L'exil, c'est la condition de création, l'exil loin du Créateur ; la foi de

Pâques, de la sortie d'Égypte, c'est croire que l'on peut retrouver son identité originelle. » C'est indiscutable, et cela commence bien, mais cela va se gâter ! « Et nous venons de tous les coins du monde. Nous avons vécu l'histoire de tous les hommes et nous nous rassemblons, porteurs de toutes les manières d'être homme sur la planète, reconstituant l'identité hébraïque qui est celle du Fils de l'homme. Le peuple juif a vocation de témoigner de ce qu'est le projet de Dieu pour l'humanité. »

Israël, ce langage m'effraie.

Que tu témoignes, qui en douterait ? Il faudrait n'avoir point d'oreille pour ne pas t'entendre. Tu as témoigné dans la servitude et la prospérité, la souffrance, la joie brève des haltes de l'exil, l'exultation, le repentir ou le silence.

Que ton témoignage porte sur ce que tu appelles le « projet de Dieu », je le veux bien, car tu dois savoir de quoi tu parles — et moi je ne le sais pas, l'idée d'un « projet » divin associant d'une manière déconcertante l'infinie pureté de Dieu et la ténébreuse histoire du monde, qui s'engloutit de temps en temps dans l'un de ces abîmes d'ignominie. À moins que Dieu ne soit finalement que le captif de l'histoire, comme ce prisonnier qui comparut un jour devant Pilate et laissa, sans dire un mot, la logique du péché originel entraîner son innocence vers la mort ? Tu ne me sembles pas prêt à accueillir ce genre d'hypothèse.

Mais si c'est une chose d'être un témoin, c'est une autre chose de représenter une cause à soi seul, accusation, défense et partie civile comprises, lorsque l'on sait toutes les données du procès et que l'on récapitule en sa propre personne « toutes les manières d'être homme », comme si les autres, ajoutées pour faire nombre, n'étaient qu'un nuage de pollen appelé à ne féconder qu'une seule fleur. L'expression de « Fils de l'homme » n'étant pas à prendre ici dans le sens assez mystérieux où Jésus l'emploie une centaine de fois dans l'Évangile pour se désigner lui-même, mais dans le sens plus généralement allégorique d'« être humain », que veut dire M. le directeur d'études lorsqu'il parle d'une reconstitution de l'« identité hébraïque » qui serait, par essence, celle de l'espèce à laquelle les autres n'appartiendraient que par analogie, inflation génétique ou, dans le cas du vieux petit bâtard que je suis, sous-traitance accidentelle ?

Israël, Israël, j'ai souffert près de toi, avec toi, dans le baraquement barbelé où l'ennemi du genre humain déguisé en soldat enfermait sa réserve d'otages, et ton courage muet, ta manière de camper le silence, comme dans un désert, par-delà les limites du désespoir, ton stoïcisme devant la mort qui frappait la nuit parmi nous comme au hasard, toute cette misère commune m'a révélé, de la manière la plus enseignante qui soit, par la compassion, que j'avais un prochain dans ta personne harcelée par la haine et couronnée par l'ouvrage. Ce prochain que le malheur m'a donné

et que je n'ai pas aimé comme moi-
même, ne laisse pas tes docteurs de
la Loi me le reprendre, Israël,
Israël !

Écoute, Israël !

Alors que les autres hommes débattent à n'en plus finir des mérites et supériorités comparés de la foi et de la raison, les opposent entre elles, donnant l'avantage tantôt à l'une, tantôt à l'autre, posant en principe qu'elles sont incompatibles, que l'on ne peut amener la raison à croire, ni la foi à raisonner, toi, Israël, tu tires ton intelligence et la raison qui la contrôle de ta foi, reçue dès l'origine, sans intermédiaire, de Dieu même, comme un don de bienvenue en ce monde, selon ceux qui n'en font rien, comme une délégation de pouvoir pour les plus ambitieux d'entre les tiens, ou, pour les plus prudents, qui sont peut-être aussi les plus sages, comme une charge et une responsabilité à l'égard de tout prochain connu, inconnu ou reconnu.

Comment accepterais-tu l'idée d'un antagonisme entre deux moyens de connaissance qui procèdent pour toi de la même lumière initiale ? Il est écrit en tête de ton Livre : « Au commencement, Dieu créa le ciel et la terre » : cette parole si souvent entendue et si peu explorée contient le secret de cette faculté originale et irritante qui est la tienne, Israël, de faire vivre ensemble la foi et la raison, sans qu'elles se contrarient jamais, ta foi en un Dieu créateur ayant eu pour conséquence immédiate, dès le début de ton histoire, de purger le ciel et la terre de leurs armées d'occupation mythologique pour ouvrir à la raison humaine le champ d'investigation illimité que nous appelons encore aujourd'hui « la nature ». C'est ainsi que l'esprit scientifique doit sa liberté à ton génie religieux.

Il va sans dire que l'« esprit scientifique », tel que nous le révérons pour ses bienfaits, n'est pas mieux disposé aujourd'hui qu'hier à reconnaître cette origine suspecte. Il n'a pas entendu, il ne veut pas entendre ce coup de tonnerre des premiers

mots de la Genèse : « Au commencement... » Les choses finiront bien,
il l'espère du moins, par lui dire
comment elles se sont engendrées
elles-mêmes, et comment elles ont
commencé sans avoir eu de commencement.

Israël, la collection impression-
nante de tes prix Nobel montre la
qualité de ton « esprit scientifique »
et que tu sais tout aussi bien, et souvent mieux que quiconque, remuer
les atomes et secouer le vide. Mais tu
n'as pas à chercher sans cesse dans
les plis et replis de l'univers, sous le
clignotement ironique et fuyant des
étoiles, des raisons de croire ou de ne
pas croire. Tu n'as nul besoin d'une
preuve de l'existence de Dieu. Cette

preuve, c'est toi, et tu ne saurais Le nier sans te nier toi-même.

C'est tout un, d'être juif, et de croire.

Écoute, Israël !

Ne cherche pas au loin la cause de l'antipathie de tant de peuples à ton égard. Elle ne tient pas à tes coutumes, qui ne diffèrent pas plus des leurs qu'elles ne diffèrent chez eux d'un pays, voire d'une région à l'autre ; ni à ta religion qu'ils ne connaissent guère, bien qu'elle leur ait appris l'essentiel de ce qu'ils savent, sinon de ce qu'ils croient ; ni à ta religiosité, dont le taux n'est pas chez toi plus élevé qu'ailleurs ; ni aux richesses réelles ou présumées que l'on t'attribue, sans voir l'immense foule de tes humbles, lesquels, il est vrai, ne se plaignent ni ne murmurent. Tu manges souvent « kasher », mais ce n'est après tout qu'un régime comme un autre ; ta cuisine n'est tout de même pas plus compliquée que la chinoise, et depuis l'institution de la semaine anglaise, ton sabbat ne dérange personne. Alors ? Serais-tu en décalage avec le siècle ? Mais non, tu marches sans fatigue du même pas que lui, et il t'arrive assez souvent de lui fournir des itinéraires. Certes, ta longue histoire donne parfois l'impression que tu échappes au temps, que tu ne lui es pas soumis, que le futur est ton présent, et que ton passé te précède, mais, si troublant que cela puisse être parfois, ce n'est pas là que nous trouverons la cause que nous cherchons. Elle est ailleurs, et la voici : tu ne crois pas aux images taillées, même quand tu as l'air de les servir, tu ne les prends pas au sérieux, tu ne leur accordes pas ta foi. Tu les utilises pour débusquer Dieu.

Voilà ce que le paganisme ne peut te pardonner, la raison de son aversion immémoriale. Il ne la voit pas, et toi-même ne la discernes-tu pas toujours : tu es réfractaire aux adorations indues.

Tu portes Dieu en filigrane.

Les autres hommes aussi, cela va sans dire. Ne sont-ils pas faits de la même façon, ne sont-ils pas tous nés d'Adam et Ève ? Ne sont-ils pas tous à l'effigie de Dieu ? Sans doute. Mais ils ont tous collé quelque chose qui masque ou oblitère cette figure translucide qui ne se distingue qu'à contre-jour, quand on interroge la lumière.

Après la signature de l'accord entre
le Vatican et l'État d'Israël, prélude à
un échange d'ambassadeurs, le grand
rabbin de Jérusalem a jugé nécessaire
de préciser que cet acte diplomatique
contribuait à rapprocher les communautés, mais non pas les religions...

Écoute, Israël !
Si la religion devait séparer éternel-
lement les hommes et leur interdire
de fraterniser après leur avoir enjoint

de se dire frères, alors l'athée serait fondé à chercher ailleurs que chez elle un moyen de les unir.

Si l'Église et la Synagogue devaient rester à jamais pétrifiées dans un face à face hostile, et n'entrouvrir leurs portes que pour permettre à leurs représentants d'exécuter de loin en loin quelques figures de ballet diplomatique, chacun retournant ensuite à son enfermement ; si, par malchance, Dieu tombé aux mains des religions n'en était que le prisonnier, s'il ne pouvait obtenir d'elles le permis de communiquer que l'on accorde au plus misérable détenu ; si la foi était une chaîne trop courte pour que l'on ne puisse, sans la rompre, aller d'une église à l'autre, alors l'incrédule n'aurait pas tort de penser que l'on ne peut être libre, et croire.

Écoute, Israël, n'est-il pas écrit dans ton livre du Lévitique, au chapitre XVI : « Tu aimeras ton prochain comme toi-même » ?

L'Évangile, à toutes les pages, ne dit-il pas la même chose ?

Comment un même commencement peut-il produire deux religions, et, qui plus est, deux religions inconciliables, qui ne pourraient se rapprocher sans se trahir, jalouses de leurs différences au point d'oublier, voire de nier leurs ressemblances, et qui n'auraient de prochain que chez elles ?

Israël, Israël, si l'amour de Dieu, que la religion nous commande, ne pouvait s'exprimer que selon certains rites consignés dans un registre fermé aux étrangers, ou selon certaines formules à prononcer sous un bonnet carré ou sous un chapeau pointu, si aimer Dieu suivant la bonne règle établie à Rome et à Jérusalem empêchait d'aimer son prochain comme il veut l'être, c'est-à-dire pour lui-même, tel qu'il est, et le premier commandement ayant pour effet de rendre le deuxième légalement impraticable, alors ce « rapprochement » dont parle le grand rabbin serait impossible et nous serions bien malheureux.

De même que tes ancêtres divisés célébraient leur culte, les uns sur le mont Ebal, les autres sur le mont Garizim, en échangeant des regards hostiles par-dessus la vallée de Sichem, de même l'Église et la Synagogue, campées chacune sur sa montagne de malentendus, attendraient jusqu'à la fin du monde que Dieu vînt les départager, donnant raison à celle-ci ou à celle-là...

À moins qu'Il ne leur donne tort à toutes deux. Car elles seront, comme tous les cœurs, jugées sur l'amour, et non sur la qualité de leurs anathèmes.

Israël, Israël, ne nous as-tu pas appris que la religion n'était pas de la pensée solidifiée, mais la forme de sensibilité la mieux accordée à la divine liberté de l'esprit ?

Écoute, Israël.

Les condamnations que tu as obtenues ou prononcées toi-même sur quelques réchappés de l'épuration antinazie t'ont donné le goût des procès, et cela se comprend. On comprend que tu poursuives encore aujourd'hui le « crime contre l'humanité », crime inexpiable et tellement inédit que la justice, qui se nourrit de précédents, a eu tant de peine à en donner une définition, qui reste sujette à critique. L'accusation la trouve d'une formulation trop complexe, qui en rend l'application malaisée ; la défense prétend que son principe d'imprescriptibilité rend la loi rétroactive, ce qui est, dit-elle, contraire au droit démocratique : on ne peut juger un homme en vertu d'une loi qui n'existait pas au moment des faits. Argutie sans valeur. Quelle République aurait pu prendre des dispositions contre un crime inimaginable ? Quel législateur emporté par l'esprit de prophétie aurait pu déposer en temps de paix une proposition de loi interdisant d'empiler quarante enfants dans un camion, puis dans un wagon de marchandises, de leur faire traverser l'Europe centrale en trois jours pour les gazer à leur arrivée et les jeter dans la gueule des crématoires ? Aucune tête équilibrée ne pouvait concevoir une monstruosité pareille, il ne pouvait y avoir de loi la réprimant. Est-ce à dire que le « crime contre l'humanité » doive échapper aux poursuites ?

Non. Mais tes bâtards et tes amis, Israël, te demandent de délivrer tes assignations avec discernement, et même avec parcimonie, en évitant de faire, de chaque nouveau procès, une nouvelle occasion de juger notre pays. Ainsi nos étudiants juifs sont-ils fondés à demander la comparution d'un haut fonctionnaire de Vichy qu'ils tiennent pour responsable de milliers de déportations ; ils ont tort d'ouvrir leur pétition en accusant la France d'avoir « trop longtemps refusé d'assumer son histoire », et en se proposant de faire enfin « toute la lumière sur notre passé ». Les chers enfants oublient que ce passé a été le présent d'un grand nombre d'entre nous, qui ne sont pas tous morts, et qui n'ont jamais eu la moindre complaisance envers le régime de Vichy. La défaite de 1940 ne les avait pas assommés au point de confondre la France et Vichy, qui n'était pour eux, dans sa ville d'eaux, qu'une sorte de compagnie fermière pour l'exploitation de nos sources d'ennuis. Son régime a été jugé, son personnel a été jugé, de même que son incroyable tentative de régression historique, parfaitement résumée après la guerre par Charles Maurras à l'issue de son procès : « C'est la revanche de Dreyfus ! »

Ce trait éclaire en profondeur la mentalité du régime de Vichy, sans qu'il soit besoin d'un supplément de voltage. Cette réunion inattendue de fantômes déboutés de l'affaire Dreyfus, était-ce la France ? Non. Étudiants, n'envoyez pas votre pays au tribunal pour y « assumer une histoire » qui ne fut pas la sienne.

Écoute, Israël !

Oui, tu as bien à tâche de pulvériser l'idolâtrie, et tu as beaucoup à faire, y compris chez toi.

Car, je l'ai dit, je le répète, tous les hommes ont cédé, ou cèdent encore à ce penchant. Quoi ! Même les chrétiens ? Oui, même les chrétiens.

On a vu nombre d'entre eux associer si étroitement l'Église et la nation qu'on ne les distinguait plus l'une de l'autre, que c'était une même chose de rendre à Dieu ce qui est à Dieu, et à César ce qui est à César, quand César est catholique ou présumé tel, de sorte que l'on ne pouvait reconnaître la « liberté de conscience » sans accorder du même coup la liberté de trahir son pays. « Hors l'Église, aimait-on à répéter, point de salut » ; et comme l'Église se confondait avec la nation, il ne pouvait être question de renvoyer le Jugement dernier à la fin des temps ; il avait lieu tous les jours, le tribunal siégeait en permanence, et l'enfer refusait du monde ; je dis que cette conception est une idolâtrie, de la variante nationaliste, qui n'est pas la moins pernicieuse.

D'autres, qui depuis une cinquantaine d'années jouent un rôle assez important dans la vie religieuse, ou dans ce qu'il en reste, se veulent plus proches de l'Évangile, et ils le sont souvent en effet, mais pas au point de se confondre avec lui. Ils voient dans l'Église une institution imparfaite, qu'il est de leur devoir de corriger. Ils dénoncent ses malfaçons, sa maladresse à prendre ce qu'ils appellent les « tournants historiques », qui la déversent périodiquement dans le fossé ; ses erreurs de jugement à l'égard de la démocratie, de l'état des mœurs ou du système solaire ; sa longue collusion avec le pouvoir établi, qu'ils font remonter à Constantin, sans s'apercevoir que le mérite principal de cet empereur est d'avoir mis fin à la divinité de César. L'Église n'est plus pour peux ce qu'elle était pour Bossuet, c'est-à-dire « Jésus-Christ, répandu, enseigné et communiqué », car ils craignent par-dessus tout d'être accusés de prosélytisme, ni « la plénitude croissante du Christ » qu'elle était pour saint Paul ; ils rêvent de se façonner une Église à leur convenance, et qui finalement leur ressemble ; aussi parlent-ils plus volontiers d'elle que de Dieu, elle devient pour eux un véritable objet de contemplation, et c'est encore une forme d'idolâtrie.

Ton sens aigu de la transcendance divine peut les détourner de cette tentation, Israël ! À condition que tu ne restes pas enfermé dans tes synagogues, et que tu ne retiennes pas ta respiration quand tu entres dans une église, comme si tu venais de mettre par mégarde un pied chez le diable !

Israël, tu as été choisi. Non pas élu, comme tes ennemis, narquois, aiment à le dire quand tu es dans le malheur. Un peuple élu serait un peuple saint jusqu'au bout des ongles, un peuple parfois établi pour toujours dans quelque région privilégiée de l'univers où le mal ne pourrait l'atteindre, où toutes ses œuvres tourneraient en bien, un peuple exemplaire dont les autres seraient bien empêchés de suivre l'exemple, faute d'une charge suffisante de grâce initiale. Un tel peuple, pur et inaltérable, appartiendrait évidemment à une autre espèce que celle du commun : c'est précisément de cette différence supposée que l'antisémitisme alimente sa haine.

Non, tu n'as pas été élu, mais choisi, désigné, chargé d'une mission qui n'est pas achevée, puisque tu es toujours là, martyr indestructible, puisque tu échappes au temps, qui depuis quatre mille ans n'a pas entamé ton identité, puisque tu reviens périodiquement d'entre les morts comme une preuve paradoxale de l'absence de Dieu.

Je laisse aller mon imagination, et je suppose que le drame de Dieu (qu'Il me pardonne ce langage saugrenu !) est qu'Il ne peut réintégrer sa création sans la détruire. Si le soleil se rapprochait de la terre, celle-ci serait en un instant brûlée jusqu'au cœur. Or, si le soleil est un bien bel astre, ce n'est qu'un faible lumignon, comparé à l'incandescence de la divine vérité. Le péché originel a pour effet, étrangement inaperçu, d'exclure Dieu de sa propre création, à laquelle, dès lors, il ne pouvait plus se manifester que sous la forme très atténuée de la Révélation, voilée de mystère, et réfléchie par des intermédiaires humains, donc faibles, donc faillibles, parmi lesquels tu as été le premier, Israël, à nous apprendre qu'Il n'avait pas renoncé à sauver son œuvre.

Il lui fallait (je laisse toujours parler mon imagination) se confier discrètement à un petit peuple, à peine plus grand qu'une famille, et que la modestie de ses effectifs garderait de toute ambition conquérante ; un petit peuple habitué à lutter contre la conjuration permanente du sable et des vents du désert, qui préférerait toujours la toile de tente et les quatre piquets du nomade aux tombeaux de pierre ou de brique des civilisations installées ; un petit peuple exercé à la résistance et qui puiserait, dans la précarité de son sort, l'énergie et l'obstination nécessaires à sa mission, qui allait être de recevoir, de conserver et de faire rayonner la Loi qui engendre la conscience et cette notion objective du bien et du mal qui avait été brisée dans l'implosion du paradis terrestre : « Vous serez comme des dieux, connaissant le bien et le mal », avait dit le serpent à Adam et Ève, et il est clair que, dans la suite des temps, presque tous les malheurs des hommes leur sont venus de la liberté qu'ils ont prise de définir le bien et le mal selon leurs penchants, leurs aversions, leurs ambitions, leurs instincts et la tournure plus ou moins dévastatrice de leurs folies idéologiques. C'est une évidence que la pire monstruosité de la dernière guerre, celle dont tu as été la victime, Israël, est le résultat de ce refus de toute notion contraignante du bien et du mal, aboutissant à une dissolution de la conscience humaine, propice à tous les crimes ; c'est une autre évidence, Israël, que cette abolition impliquait la tienne, et que tu devais périr avec la Loi dont tu assures la garde depuis toujours avec une scrupuleuse exactitude, sans en avoir jamais retranché ou déplacé le moindre signe, en dépit de toutes les défaillances de ton cheminement sur cette terre.

Les abominations du siècle, le plus riche de l'Histoire en massacres, prouvent que ta mission n'est pas terminée. Sans la Loi, la conscience humaine n'existe pas.

Tu sais si bien quelles sont tes responsabilités à l'égard de la Loi que tu n'as jamais songé, autrefois, à dissimuler tes propres manquements. Tu es le seul peuple au monde, Israël, qui ait jamais pris soin de consigner par écrit, dans ce registre des espérances et des misères humaines que nous appelons la Bible, le récit parfaitement objectif de ses bonnes et mauvaises actions, de ses hauts faits et de ses méfaits, de ses fidélités et de ses forfaitures, de ses souffrances et de ses cruautés. Tu recueilles dans ce même Livre, sans chercher la moindre excuse, toutes les insultes et violences verbales que ta conduite ou tes accès de surdité spirituelle ont pu inspirer à tes prophètes, et tu ne fais suivre d'aucun plaidoyer le récit des ignominies accidentelles de quelques-uns de tes héros, de Jacob dépouillant cyniquement son frère Esaü de son droit d'aînesse, ou de David, admirable poète, expédiant le mari de sa maîtresse au front avec un petit mot de recommandation pour la première ligne. Ta Bible est une confession publique sans équivalent dans aucune langue ni aucune histoire.

Tu n'as pas ajouté une page à ton Livre depuis bien longtemps, mais la

Loi qui est sa vérité reste gravée au plus intime de ton être, avec cette distinction du Bien et du Mal qui fonde la conscience humaine. Cela, tu le sais ; quand tu ne le sais pas, tu le vis tout de même ; et tu en meurs chaque fois qu'un pouvoir diabolique se sent contredit et réfuté en silence par cette lumière invisible que tu portes en toi, et qu'il symbolise par-fois par une étoile jaune, tandis qu'il fournit la nuit.

Écoute, Israël.

Toi qui n'as jamais eu que des ennemis, toi qui n'as jamais rencontré sur
cette terre profondément païenne que
le regard de la méfiance, de la jalousie
ou de la haine, Dieu t'a donné sur le
tard un ami, nouveauté si grande que
tu hésites à t'y fier. Cet ami, c'est
Jean-Paul II. Il a multiplié à ton égard
les témoignages de respect, il a
exprimé maintes fois sa compassion

pour tes souffrances, il a condamné les systèmes qui, depuis le début du siècle, ont défiguré et déshonoré notre espèce et dont tu as été, naturellement, la première victime. Il a traversé le Tibre pour se rendre à la synagogue de Rome, ce qui ne s'était pas vu depuis saint Pierre, tout exprès pour reconnaître, à domicile, ton droit d'aînesse dans l'ordre de la Révélation, hommage auquel le grand rabbin avait courtoisement répondu en reconnaissant que l'Église, tous ses torts mis à part, avait tout de même permis, grâce à son immense extension à travers le monde, que fussent toujours honorés les noms des patriarches, d'Abraham, de Moïse, d'Isaïe, qui sans elle ne seraient pas plus connus que ceux des inventeurs de la gnose ou des premiers Adventistes du week-end.

Cet ami que le Ciel t'a envoyé a reconnu l'État d'Israël, geste différé pendant cinquante ans par la diplomatie du Vatican, et il y a désormais échange d'ambassadeurs entre Rome et Tel-Aviv. Tu attends de lui, aujourd'hui, qu'il publie une déclaration solennelle sur la « spécificité » de la Shoah. Je ne sais pas si tu te rends bien compte que tu demandes au chef de l'Église romaine de répondre à une question qui te laisse toi-même sans voix : qu'est-ce que la Shoah, cette éclipse d'humanité où fut promulguée l'abolition de la personne, le remplacement du cœur par les organes de reproduction racistes ; comment dire ces camps qui furent à la terre ce que sont les « trous noirs » de l'astrophysique, ces espèces d'entonnoirs inexorables qui aspirent vers le néant tout ce qui vit autour d'eux, y compris l'aérienne, la divine lumière ? Le mot lui-même de Shoah peut recevoir plusieurs sens, et il n'est pas mauvais qu'un malheur indicible ne puisse être désigné que par un mot incertain qui recouvre les notions diversement funestes de catastrophe, d'anéantissement, de déréliction, de glissement dans les ténèbres, fatales non pas seulement aux victimes, mais aux assassins aussi.

À ce lugubre bilan, quelques-uns des tiens voudraient que le pape ajoutât, pour faire bonne mesure, une sorte d'historique où l'Église confesserait ses torts, fautes, préjudices causés à ton peuple, la tournure antisémite qui fut longtemps celle de son enseignement, les persécutions qu'elle t'a infligées, l'usurpation du titre de « nouvel Israël » qu'elle s'est attribué insolemment, de même que la faiblesse de sa résistance au nazisme, ses silences suspects devant le crime, à quoi l'on pourrait ajouter toutes sortes de péchés contre la justice et la charité. Nous irions ainsi d'âge en âge, le réquisitoire à la main, réveillant au passage quelques pièces à charge contre Voltaire, qui ne t'aimait guère, contre Luther, qui n'était pas de tes amis, et nous finirions par nous retrouver tous dans le prétoire de Ponce Pilate, où il ne nous resterait plus qu'à recommencer le procès de Jésus, qui ne prononcerait pas une parole de plus que la première fois, tandis que le procurateur romain lèverait les bras au ciel en soupirant derechef : « Qu'est-ce que la Vérité ? »

La vérité, Israël, est que l'histoire humaine est une épouvantable misère qui couche avec le premier venu, pourvu qu'il ait du poil ; que toutes les institutions de cette terre sont coupables, dès lors qu'elles détiennent sur les hommes un pouvoir qu'elles n'exercent jamais que pour le renforcer ; que l'Église, pour ses péchés, a détenu longtemps ce pouvoir rejeté comme une tentation par l'Évangile, que tout le bien qu'elle a pu faire, et dont tu as bénéficié toi-même assez souvent, car les papes t'ont protégé du pire, n'efface pas les injustices et les manquements à la charité à quoi la puissance publique expose ses détenteurs quand ils ne prennent pas la précaution de la partager. Cette puissance, l'Église pourrait soutenir qu'elle lui a été littéralement

imposée par les circonstances, après
l'écroulement de l'empire de Rome,
lorsque le désordre effrayant des
temps barbares a fait d'elle le refuge
naturel des populations affolées ; les
évêques avaient alors le pouvoir d'in-
timider les barbares. Ce n'est donc
pas l'ambition, mais la pitié qui a
conduit l'Église à prendre des responsabilités politiques étrangères à
sa vocation spirituelle : ainsi a-t-elle
été conduite à vivre deux morales,
l'une dictée par l'Évangile, l'autre
par les nécessités du maintien de
l'ordre, l'une tournée vers le salut
éternel, l'autre vers le salut temporel
d'un État effondré où elle était la dernière institution valide. Ainsi
l'Histoire, dont je dis si volontiers
tant de mal, a-t-elle tout de même
l'obligeance, après avoir fourni aux

hommes des occasions de chute, de leur procurer des circonstances atténuantes.

Cette division de la morale, visant, ou, comme diraient les artilleurs, pointant la perfection dans un sens et l'efficacité dans l'autre, est l'une des grandes catastrophes inaperçues de l'histoire chrétienne.

Tu le vois, Israël, l'Église peut plaider.

Mais qu'ai-je à parler ainsi ? Depuis ton retour sur la terre des patriarches, n'as-tu pas l'expérience de ce genre de situation où le salut des âmes et celui de la communauté n'ont pas les mêmes exigences, à moins que l'on ne pratique la confusion des genres, que l'on ne décide

de soumettre la Loi au gouverne-
ment, et que l'on n'entende plus le
Lévitique vous souffler doucement à
l'oreille : « Tu aimeras ton prochain
comme toi-même. » L'organisateur
de ton retour, Théodore Herzl, avait
donné cet admirable précepte aux
premiers émigrants : « Faites un pays
où l'étranger se sente chez soi. » Les
prises de possession territoriales te
mettent à tout instant en danger de
faire un pays où l'indigène ne se sent
pas chez lui.

Tu sais cela, Israël, tu le sais très
bien. Que tes fils les plus ardents cessent d'exiger de l'Église qu'elle fasse
pénitence devant eux. Elle a changé,
sa bonne volonté est évidente. Il y a
peu de bon sens, et beaucoup de
risques à inviter ses enfants à la
juger. Les enfants ne jugent pas leur

mère, surtout quand elle le mérite le moins, et je ne t'apprendrai pas que le Talmud réprouve l'humiliation.

Invertie depuis deux ou trois siècles, la logique moderne voudrait nous persuader qu'il faut, pour croire, commencer par abdiquer tout jugement propre. C'est l'une des conséquences du malencontreux « Abêtissez-vous » de Pascal, qui voulait probablement nous faire entendre que nous pouvions avoir intérêt, parfois, à oublier nos faibles connaissances pour nous tourner vers le mystère du monde avec la naïveté merveilleusement exploratrice de l'enfance, et qui a été compris à l'envers, comme il est arrivé à plus d'un grand génie.

Israël ! Tu es la preuve — succulente — que la foi n'abolit pas le sens critique, mais qu'elle l'active au contraire avec une telle vigueur que rien de sûr ne subsiste devant elle, et que l'on pourrait presque résumer ta pensée en disant avec Malebranche : « Dieu seul existe, le reste n'est qu'hypothèse. » Dans ton Livre, Dieu seul peut dire : « Je suis », assertion d'une puissance nucléaire qui expose, en effet, tout le reste à une remise en cause perpétuelle, exercice dans lequel tu n'as pas d'égal sur cette terre. Donne-nous un peu de ton esprit critique, Israël, pour nous empêcher de déraisonner, en répétant par exemple comme une évidence

absurde : « Je pense, donc je suis »
de Descartes, dont la logique finirait
par faire dire au Dieu de Moïse : « Je
suis, donc Je pense. »

Dieu ne pense pas. Il n'est pas pour
toi, Israël, Celui qui donne les
réponses, mais Celui qui pose les
questions. C'est en interrogeant ce
néant qu'Il a fait surgir le monde, c'est
en questionnant les corps qu'Il fait
éclore les âmes, ce sont ses questions
qui engendrent la vie et le mouvement.
Je ne sais quelle question Il a posée au
kangourou, mais c'est un fait qu'elle
l'a fait sursauter, et qu'il saute encore.

Israël, tu crois comme tu respires,
c'est-à-dire, la plupart du temps, sans

y prêter attention. Ceux des tiens qui affirment ne pas croire nous paraissent manquer de naturel, et nous donnent l'impression d'assister à un concours de plongée en apnée. Ils remonteront.

Mais toi, Israël, toi qui absorbes le divin par les narines, apprends-nous à respirer. Nous commençons à suffoquer sur cette planète polluée où le seul souffle perceptible est celui des moteurs à explosion qui ne nous délivrent pour tout message que leur gaz asphyxiant !

Dans notre village, nos juifs appelaient leur synagogue la *schule*, c'est-à-dire l'« école », et je me demandais, enfant, ce que l'on pouvait bien apprendre là qui ne fût pas enseigné en face, à la communale, moitié moins grande que la synagogue, sans doute, mais qui passait pour détenir tout le savoir disponible sur cette terre.

Les élèves de la *schule* ne parlaient jamais de leurs cours, et c'est bien plus tard que je crus comprendre qu'ils y étudiaient leur propre histoire, contenue dans un livre dont la communale n'avait sans doute jamais entendu parler, car elle n'en citait jamais une ligne.

Ce livre, connu seulement des établissements religieux sous le nom de « Bible », racontait, outre les origines tumultueuses de l'humanité, celles du peuple juif, issu dans les circonstances les plus étranges d'un certain Abram, ou Abraham, personnage incompréhensible au sens le plus littéral du mot, et de son épouse Sarah, qui fut belle de cette beauté parfaite à laquelle on ne peut ajouter que l'infini.

Cet Abraham, qui présentait la particularité de tirer comme par magie toute sa grandeur de son effacement, cherchait un jour un peu de fraîcheur sous un bouquet d'arbres du pays de

Canaan, lorsqu'il vit apparaître soudain trois inconnus au-devant desquels il courut se prosterner en les suppliant d'accepter son hospitalité. Pendant le repas, celui des trois visiteurs qui était le seul à parler, et qui savait apparemment combien Abraham se désolait depuis longtemps de n'avoir pas d'héritier légitime, annonça à son hôte qu'un an plus tard, à la même époque, il aurait un fils. Entendant ce pronostic hasardeux sous la tente où elle préparait des galettes, Sarah ne put s'empêcher de rire sous cape, en se disant : « Quoi, à mon âge ! Et Abraham qui est si vieux… » Surprenant ce rire et devinant cette réflexion secrète, l'annonciateur de bonne nouvelle dit à Abraham : « Pourquoi Sarah a-t-elle ri ? Est-il rien d'impossible à Dieu ? »

En effet, mais alors une question se pose : puisque rien n'est impossible à Dieu, pourquoi n'a-t-Il pas guéri Sarah de sa stérilité quand elle était encore en âge d'enfanter normalement ? Pourquoi a-t-Il attendu, pour leur donner un fils, qu'Abraham eût passé le siècle, et que Sarah ne fût plus très loin de l'atteindre, si ce n'est pour que les élèves de la *schule* comprissent bien qu'ils étaient nés jadis de la manière la plus surprenante, contre toutes les probabilités de la nature, de par l'incontrôlable volonté de Dieu ? Voilà ce que l'on pouvait lire dans le Livre de la synagogue, et qui expliquait pourquoi l'histoire des juifs en ce monde allait être une histoire essentiellement surnaturelle.

Je dis « essentiellement », et non pas « uniquement ».

À deux kilomètres et quatre mille ans de là, dans l'église du village voisin où nos catholiques allaient à la messe, à pied, et sans se plaindre, on célébrait une autre naissance miraculeuse : celle du fils de Marie, qui est la Sarah des chrétiens. Ces deux femmes sont les deux portes de nos deux religions. Bâtir un édifice commun par-dessus tant de siècles serait une entreprise bien chimérique ; il faudrait lancer dans les airs une arche, une voûte d'une portée improbable, et l'on ne voit pas d'architecte religieux assez hardi pour relever un pareil défi. Et pourtant, il est clair que les juifs et les chrétiens ne peuvent se rencontrer, et peut-être se comprendre, qu'en passant très haut dans le ciel pour se laisser, enfin, réunir par l'attraction divine. Je sais. Je rêve.

Dans la statuaire médiévale, la Synagogue a plus de charme que l'Église. Celle-ci, de belle figure et de noble maintien, semble contrainte à un certain hiératisme par le poids de sa couronne, symbole de ses responsabilités. La Synagogue propose des lignes plus sinueuses, destinées sans doute à nous faire entendre que la religion juive est plus charnelle que la religion chrétienne. Sa couronne, plus légère, penche sur son oreille, annonçant l'imminence d'un changement de dynastie, et la hampe de son sceptre, ou de sa crosse pastorale, est brisée, tandis que sa main gauche retient à peine les tables de la Loi, renversées — faute de lecture qui ne tient pas compte de la parole de l'Évangile : « Je ne suis pas venu abolir la Loi, mais l'accomplir. » Tous ces indices de destitution, joints au coup de faiblesse d'un déhanchement accentué, loin de nous détacher de cette malheureuse jeune femme en proie à l'adversité, nous expose, au contraire, à ce pouvoir de séduction qui commence par l'attendrissement, surtout quand on y ajoute la pièce principale de cette démonstration taillée dans la pierre : le bandeau qu'elle porte sur les yeux, comme pour une partie de colin-maillard théologique, et qui symbolise son aveuglement devant le Messie. Mais il est possible qu'en l'occurrence la main du sculpteur ait dépassé sa pensée, et qu'il en ait dit beaucoup plus qu'il ne le croyait lui-même. Il est possible que ce bandeau, la Synagogue l'ait porté depuis le commencement, depuis le jour où elle a eu la révélation de Dieu et de son insoutenable Lumière. De même qu'elle ne prononce pas son Nom, afin de lui épargner la souillure de nos lèvres, de même ne se tourne-t-elle vers Lui que les yeux fermés. L'Église devrait comprendre cela : l'éblouissement du chemin de Damas a rendu saint Paul aveugle pendant trois jours.

On voudrait que les religions cessent de ne pas se comprendre quand elles disent la même chose.

Écoute, Israël,

Non seulement nous avons mangé du fruit défendu dont il est question dans ton Livre, mais nous avons englouti l'arbre tout entier, feuilles, branches et tronc jusqu'à la racine.

« Vous serez comme des dieux, connaissant le bien et le mal », avait promis le diable pour nous encourager à consommer. Voyez les beaux petits dieux que nous sommes devenus ! On nous congèle, on nous manipule ou l'on nous détruit selon la loi de l'offre et de la demande, nous aurons demain pour père et mère un bocal et une seringue, on nous cultive dans un jus de molécules de singe vert, on nous clone dans certains laboratoires, ce qui ne se pratiquait jusqu'ici qu'au bénéfice des ruminants de boucherie, on nous remplace avantageusement un peu partout par des pastilles électroniques, si bien qu'en fait de divinité nous serons, un jour prochain, des veaux ou des puces.

Quant à la fameuse « connaissance du bien et du mal » qui devait être la gratification suprême de notre désobéissance, elle a tout simplement disparu, ou, réduite à l'état gazeux, ne sert plus qu'à gonfler des ballons à naviguer dans le vide spirituel que nous appelons des « éthiques ».

Nous appelons bien ce qui satisfait nos désirs, mal ce qui les contrarie, et notre « éthique » est une sorte d'instance de conciliation où l'on s'efforce de régler à l'amiable le divorce de l'homme et de la morale. À l'inverse de la Loi descendue du Sinaï, l'éthique contemporaine ne contient ni promesse, ni espérance. Elle prétend tout ordonner selon les règles de l'intelligence, et elle ne sait pas que l'intelligence elle-même vient du cœur, comme le montre aujourd'hui, à Jérusalem, le génie pacifique du plus sage de tes généraux.

« Comme des dieux ! » Les menteurs les plus adroits ne mentent jamais tout à fait et nous ressemblons bien, par divers côtés de notre aimable personnalité, à ces divinités païennes égoïstes, d'une indifférence de marbre et assez souvent enclines à se barbouiller de sang humain.

Quant à l'état du monde, il est à peu près aujourd'hui ce qu'il était la veille du déluge : violences, rapines, mensonges, orgueils maladifs, mépris des faibles, cruautés diverses, aversion secrète de l'innocence, et ce ne sont pas les exemples de dévouement que donnent encore, malgré tout, les meilleurs d'entre nous, qui pourront jamais effacer de nos esprits le visage étonné d'un seul enfant égorgé jeté au fil de l'eau, ou le souvenir de la Shoah, ce point culminant de la révolte satanique où la haine de Dieu a cru s'assouvir en lui renvoyant son image !

Car c'est toi, Israël, qui nous as appris que Dieu nous avait créés « à

son image et à sa ressemblance »,
que l'original de la copie que nous
sommes était en Lui, non pas
ailleurs, en nous-mêmes encore
moins. Notre identité véritable est
cachée en Dieu, tu nous l'as dit, et il
est grand temps de nous le redire.

D'où le titre de ce livre, qui relève
évidemment de l'adjuration, et non
pas de l'insolence comminatoire.

Écoute, Israël !

C'est dans un opuscule que tu n'as
pas encore annexé au Livre de la
schule que j'ai lu un jour cette parole
étonnante, dite par le fils de Marie à
la Samaritaine du puits de Jacob, et
qui m'a encouragé à t'écrire :

« Tu n'as pas à sauver que toi-
même : le salut vient des juifs. »

Écoute, Israël, et parle !